P E R   C O M I N C I A R E

W0362660

ISBN 978-88-6079-324-9
© 2009 Edizioni EL, San Dorligo della Valle (Trieste)

www.edizioniel.com

UN GIORNO DI SCUOLA

NICOLETTA COSTA

EMME EDIZIONI

Ogni mattina, nei giorni di scuola, appena apro gli occhi salto giù dal letto, vispa come un grillo!

Corro subito a svegliare
la mamma e il papà,
che sono molto dormiglioni...

Quando finalmente facciamo colazione, è già un po' tardi.

In macchina mi agito sempre, perché ho paura di arrivare tardi a scuola.

Finalmente arriviamo.
La mia scuola è bellissima!

SCUOLA

Nell'atrio incontro
i miei amici.
Abbiamo tante cose da
raccontarci!

Nell'aula c'è la mia
maestra che mi aspetta.
Io le voglio molto bene.

Poi mi siedo al mio banco,
vicino alla mia amica del
cuore, che si chiama Liù.

La maestra scrive sulla
lavagna e cominciamo
la lezione.

Aa

Prendo il quaderno e
la matita, e mi metto a
scrivere anch'io.

Ecco il mio compito.
Ho lavorato tanto e ora
sono molto soddisfatta.
La maestra ha messo due
cuori sul mio quaderno, vuol
dire che è proprio contenta!

LA VOCALE A

ALBERO · albero

APE · ape

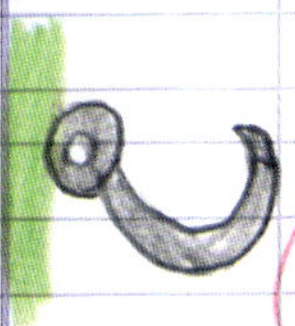

AMO · amo

ALA · ala

a a

Qualche volta la maestra si sente un po' stanca...

Allora mi manda
dalla bidella Nora.

La signora Nora prepara
un buon caffè.
Io lo porto alla maestra e

ne assaggio un pochino.
Ma è meglio non dirlo
in giro!

La mattina è passata
e ora andiamo a pranzo.

In mensa bisogna assaggiare tutto... Anche

i cibi che ci sembrano orribili
e che magari sono buonissimi.

Dopo il pranzo
andiamo a giocare
in giardino.

Poi torniamo in classe
e riprendiamo le lezioni.

Oggi ho fatto un bel disegno.
La mia maestra è proprio felice.

Suona la campanella!
Il tempo è volato, è il
momento di tornare
a casa.

Liù mi presta il suo
coniglietto fino a domani...
È una vera amica.

I genitori ci aspettano
nell'atrio.
È venuto a prendermi
il papà.
Eccolo lì che mi saluta!

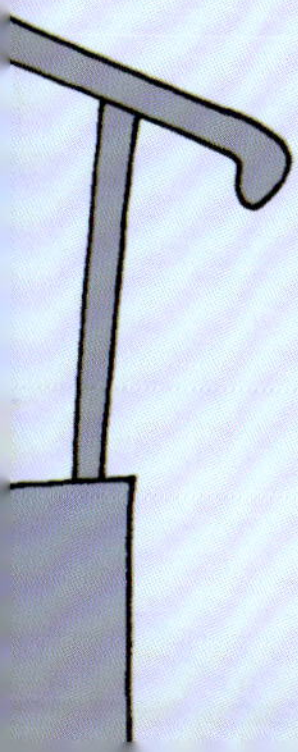

Torniamo a casa a piedi
e ci raccontiamo come è
andata la nostra giornata.

A casa, in salotto, faccio la maestra e sono molto severa: i pupazzi e la bambola Brigitta sono tanto ignoranti!

Finito di stampare per conto delle Edizioni EL
presso Gruppo Editoriale Zanardi S.r.l., Maniago (Pn)

Ristampa				Anno		
1	2	3	4	2010	2011	2012